Miriam Stock

DÖNER

Inhaltsverzeichnis

Döner Kebap.

Der Döner: ein Berliner?

Die Annahme, dass der Döner eine Kreation aus Berlin sei, stimmt in jedem Fall nur bedingt. Denn der Döner kann auf eine lange Vorgeschichte zurückblicken. Das Wort „Döner Kebab" tauchte schon im 19. Jahrhundert in Restaurants in der Türkei auf. Kebab bezeichnete dabei gegrilltes Fleisch, Döner steht für „sich drehend" und bezog sich damit auf den kegelförmigen rotierenden Spieß, von dem die Fleischstücke abgeschnitten werden. Postkarten belegen sogar, dass der sich drehende Fleischspieß schon weitaus länger im osmanischen Reich gebräuchlich war, teils auch unter dem arabischen Wort „Schawarma", was ebenfalls „umdrehen" heißt. Döner Kebab war folglich in der kulinarischen Kultur im Nahen Osten und südlichen Mittelmeerraum weitverbreitet, bevor er sich in Deutschland ausgebreitet hat. Neu war allerdings, das Fleisch als To-Go im Brot zu verkaufen. Und dies spielte sich tatsächlich zunächst vorwiegend in West-Berlin ab, wo Döner-Imbisse in größerer Zahl aus dem Boden sprossen, zunächst als Kioske, die an die türkischen Restaurants angeschlossen waren. Diese verkauften das Fleisch vom Drehspieß im Fladenbrot mit verschiedenen Salaten (Eisbergsalat, Krautsalat, Rotkohl, Gurken, Tomaten und Zwiebeln) und einer Knoblauch-Joghurtsoße. Als Referenz galten ihnen die in der Bundesrepublik zu dieser Zeit schon weit verbreiteten griechischen Restaurants und Imbisse, die einen weiteren nahen Verwandten des Döners aus dem Mittelmeerraum vertrieben, nämlich das griechische Gyros. Bei Letzterem war es allerdings nicht Kalbs- oder Lammfleisch, sondern Schweinefleisch, das von einem Spieß abgeschnitten und dann in ein Pita-Brot als Snack verkauft wurde.

Kulinarische Vielfalt in Berlin, 2019.

Die Frage, ob Berlin wirklich die Geburtsstadt des Döners ist, relativiert sich dadurch etwas, denn der Döner ist das Ergebnis von unterschiedlichen kulturellen Einflüssen, Migrationsbewegungen und Austauschbeziehungen. Zugleich deuten die Legenden um die Erfindung des Döners in Berlin auf etwas anderes hin. Denn der Döner ist weitaus mehr als nur ein Snack zwischendurch. Er ist zu einem wichtigen Symbol geworden: für (türkische) Migration nach Deutschland, für migrantische unternehmerische Leistungen, für sich verändernde Essvorlieben in der Spätmoderne und schließlich für einen Wandel von städtischen Konsumlandschaften. Der Döner ist somit zugleich Vorreiter als auch Symbol für größere gesellschaftliche Entwicklungen, die den städtischen Alltag in den letzten Jahrzehnten begleitet haben. Angefangen haben diese Entwicklungen mit dem Trend zum schnellen Essen zwischendurch.

Der Nährboden für den Döner: zum Wandel von gastronomischen Vorlieben und Angeboten

Der Verkauf schnellen Essens auf der Straße ist zwar keine Erfindung der Moderne, wurde in Europa aber erst mit der Industrialisierung im 19. Jahrhundert zum weitverbreiteten Phänomen. So entstanden Imbisse anfangs häufig in der Nähe von Werkshallen. Auch das Angebot spiegelte die enge Verzahnung der Imbisse mit der Industrie- und Arbeiterkultur wider. Denn es bestand aus fleischhaltigen, kalorienreichen Gerichten, darunter Eintöpfe und Bockwürste, später vor allem Buletten, Bratwurst und Pommes frites.

Cocozza's Restaurant in der Buchholzer Straße, Berlin-Prenzlauer Berg, 1901.

Nach dem Zweiten Weltkrieg kam in der Bundesrepublik die Currywurst hinzu. Eine wirkliche Veränderung erlebte die Imbisskultur allerdings erst seit den Siebzigerjahren, als sich die ersten standardisierten amerikanischen Fast-Food-Restaurants durchsetzten, die einen American Way of Life propagierten. Hinzu kamen neue kleine ethnische Gastronomien, angefangen von zahlreichen italienischen Restaurants, Balkangrills und auch Dönerimbissen.

Diese Entwicklung hatte mehrere Gründe. Zunächst ist die Globalisierung zu nennen. Globale Beziehungen und Austausch waren zwar nicht neu, beschleunigten und vervielfältigten sich aber um ein Vielfaches seit der Nachkriegszeit aufgrund von neuen Transportmöglichkeiten, Telekommunikation und Medien. Dies brachte nicht nur neue Bilder über das Fernsehen nach Hause, sondern erweiterte auch die Möglichkeit, andere Länder zu besuchen. Fortan wollte man die mit dem Urlaubsereignis verbundenen und entdeckten Speisen auch Zuhause essen, was den Erfolg von italienischen, griechischen und anderen Lokalen stark beförderte.

Zudem vollzog sich Anfang der Siebzigerjahre zunächst in Westeuropa ein Strukturwandel, der heute überall in Europa spürbar ist. So kam es zu einer zunehmenden Deindustrialisierung und einem Anstieg des Dienstleistungssektors. Es wurde weniger am großen Fließband in Massen produziert. Stattdessen setzte man auf neue Technologien und auf flexible sowie ausdifferenzierte Produktionen oft mit ausgelagerten Teilunternehmen auf der ganzen Welt. Analog dazu änderte sich die Nachfrage weg vom Massenkonsum hin zum individualisierten und ausdifferenzierten Konsum, zu symbolträchtigen Produkten und Dienstleistungen, die weniger das Konforme als das Besondere unterstrichen. Gerade Städte mit ihren unzähligen unterschiedlichen Konsumorten, seien es Shopping Malls, kleine Boutiquen oder Lokale in Wohnvierteln, wurden zu Aushandlungsorten für die neue Konsumgesellschaft. Die Ausläufer dieser weitreichenden Transformationen in der Spätmoderne beschreibt der Soziologe Andreas Reckwitz mit

imago 0050546426 / F. Berger

Dönerbude in Berlin-Mitte, 2004.

dem Begriff „Gesellschaft der Singularitäten", in der es eine wahre „Explosion des Besonderen" gab. Zugleich änderte sich die Zusammensetzung der Gesellschaft. So wagten viele Angehörige aus Arbeiterfamilien sowie Frauen den Bildungsaufstieg und auch die Arbeitsmodelle und Lebensentwürfe wurden unterschiedlicher.

Diese sich langsam vollziehenden Transformationen konnte man auch an der Entwicklung der Imbisse ablesen. Denn nun waren es auch junge Akademiker*innen, die einen Snack für zwischendurch aßen, zudem wurden Imbisse Bestandteil einer Freizeit- und Ausgehkultur. Es ist also kein Zufall, dass der Döner insbesondere in Kreuzberg und Schöneberg in den Siebziger- und Achtzigerjahren beliebt wurde, wo zusammen mit den aus der Türkei nach Berlin gekommenen Arbeiter*innen junge studentische, künstlerische Milieus wohnten, die den Döner als gesunde, nahrhafte und exotische Zwischenmahlzeit Tag wie Nacht konsumierten. Denn Dönerimbisse verkauften ihre Speisen oft bis spätabends und nachts.

Der Strukturwandel bedingte aber noch etwas Weiteres, was die Ausbreitung des Döners ermöglichte. Viele „Gastarbeiter*innen" wurden mit der zunehmenden Deindustrialisierung arbeitslos oder konnten nur schwer neue Stellen in der Industrie finden. Gerade nach Berlin waren im Zuge der seit 1961 geschlossenen Anwerbeverträge viele Zuwander*innen aus der Türkei angeworben worden. Das lag daran, dass West-Berlin erst relativ spät ausländische Arbeitskräfte anwarb. Zunächst setzte man bei dem Arbeitskräftemangel noch auf die Anwerbung von westdeutschen Arbeitskräften. Als West-Berlin Arbeitskräfte suchte, standen vor allem in der Türkei noch viele ausreisewillige Arbeitskräfte zur Verfügung. So wurden türkische Staatsangehörige auch bald zur größten Migrationsgruppe in West-Berlin. 1973 beschloss die Bundesregierung zwar aufgrund der Wirtschafts- und Ölkrise einen Anwerbestopp, die Zahl der türkischen Staatsangehörigen wuchs aber trotzdem weiter von 80.000 bis auf circa 100.000 im Jahr 1979 in West-Berlin. Viele der Gastarbeiter*innen beschlossen nämlich, in West-Berlin zu bleiben und holten ihre Familien nach. Da sie mit der Deindustrialisierung und Wirtschaftskrise eine zunehmende Ausgrenzung vom ersten Arbeitsmarkt erfuhren, machten sie sich im Einzelhandel oder der Gastronomie selbstständig. Allein in West-Berlin kam es zwischen 1975 bis 1985 zu einer Verdopplung ausländischer Lokale. Gerahmt wurde die Eröffnung ausländischer Lokale in bestimmten Vierteln im Übrigen auch durch institutionell-rechtliche Regularien. Denn Personen mit befristeter Aufenthaltsgenehmigung konnten sich nicht einfach selbstständig machen: so wurde der Antrag an eine Bedürfnisprüfung gebunden. Im gastronomischen Sektor wurden vor allem dann Genehmigungen erteilt, wenn die angebotene Küche der Nationalität der dort wohnenden Migrant*innen entsprach, denn man nahm an, dass diese „Speisen aus der Heimat" nachfragen würden.

Musti's Gemüsekebap in Berlin: Halbfinale der Fußball-Europameisterschaft, 2008.

Aus diesem Grunde wurden Dönerimbisse zunächst vor allem in Stadtvierteln eröffnet, in denen auch viele türkische Migrant*innen wohnten: Allerdings war im Gegensatz zu den neu eröffneten türkischen Restaurants, die sich tatsächlich vorwiegend an eine aus der Türkei zugewanderte Kundschaft richteten, die Hauptzielgruppe bei den Dönerimbissen von Beginn eine andere. So war der Döner mit Salaten und Soßen auch an so oft genannte „deutsche Geschmäcker" in Berlin angepasst, wie später noch genauer erläutert wird.

Zugleich inszenierten die Dönerimbisse anfangs das Türkische in den Imbissen. Sie reagierten damit auch auf Stereotype, die ihnen zunehmend entgegengebracht wurden. Denn mit dem Anwerbestopp in Deutschland änderte sich die Berichterstattung und Redeweisen über die Zuwander*innen, sodass die vorher nützlichen Arbeitskräfte fortan als überflüssig galten. Wurden sie vorher noch als „Ausländer" und „Gäste" wahrgenommen, so galten sie zunehmend als „Fremde". Das

Bergmannstrasse in Berlin-Kreuzberg, 2020.

betraf vor allem Nicht-EG-Ausländer*innen (der Vorläufer der EU) wie türkische Zuwander*innen. In dieser Zeit findet man viele Referenzen, die die kulturellen Differenzen überbetonten, angefangen vom Essen über die Religion, die vorher kaum eine Rolle gespielt hatte. Nicht zuletzt zeigt dies auch die oben genannte behördliche „Bedürfnisprüfung", in der davon ausgegangen wurde, dass jeder „Kulturkreis" seine eigenen Nahrungsweisen habe. Diese zunehmende Kulturalisierung der türkischen Zuwander*innen führte einerseits zu einer Dramatisierung, zum Beispiel, wenn auf einmal vor „Ghettos" und „Überfremdung" gewarnt wurde. Sogar in Berlin-Kreuzberg gab es zeitweise eine vom Senat 1975 verhängte Zuzugssperre für Ausländer, die aber vom Oberverwaltungsgericht 1979 wieder gekippt wurde. Zugleich fand sie im linksliberalen Milieu auch ihre vermeintlich positive Spielart der „multikulturellen Gesellschaft", ein Begriff, der später, 1988, von den Grünen in die Politik eingeführt wurde. Fremde (oder fremd gemachte)

Marosh Restaurant in Berlin, 2018.

Kulturen wurden als Bereicherung der Gesellschaft und der Städte gesehen.

Interessanterweise sind noch heute beide Spielarten in Diskussionen in Deutschland vertreten. Beiden ist jedoch gemein, dass sie Menschen oft auf kulturelle Stereotype reduzieren, und komplexe soziale Hintergründe außer Acht lassen.

In jedem Fall nutzen die Betreiber der Dönerimbisse die ihnen entgegengebrachten Stereotype als Marketingstrategie in den Imbissen. Die Anthropologin Ayşe Çağlar beschrieb dies wie folgt: „Touristische türkische Poster, unterschiedliche Arten von Souvenirs aus der Türkei und farbenfrohe Lampen dominierten die Inneneinrichtungen der Dönerimbisse. Die Strategie der Imbissbesitzer war es, das Türkische und Exotische des Döners zu vermarkten. Sie nutzen die ethnischen Referenzen aus." Mit dem weiteren Erfolg des Döners änderte sich das aber langsam.

ullstein bild 2.6714822 / ImageBROKER / Manfred Bail

Neueröffnung Ali's Gemüse Döner in München.

Die Modernisierung des Döners

Insbesondere in den Achtzigerjahren stieg die Zahl der Dönerimbisse in West-Berlin rapide an und die Imbissform verbreitete sich auch im Rest der Bundesrepublik. Während es in
West-Berlin 1983 circa 200 Imbisse gab, waren es Ende der
Neunzigerjahre im dortigen Gebiet 430 Imbisse. Noch populä-
rer als im Westen ist der Döner allerdings im Osten nach dem
Mauerfall geworden. In den neuen Bundesländern avancierte
der Döner schnell zum beliebtesten Imbiss. Allein im ehema-
ligen Ost-Berlin fanden sich Ende der Neunzigerjahre 870
Dönerimbisse. Für viele Dönerbetreiber eröffneten sich des-
wegen im Osten neue Märkte. Schließlich kam das europäische Ausland ebenfalls als Absatzmarkt hinzu.

Mit zunehmendem Absatzmarkt änderten sich die Produk-
tions- und Marketingstrategien von Dönerimbissen. Bis 1989
wurde der kegelförmige Fleischspieß überwiegend individuell
in Restaurants oder Imbissen hergestellt. Aus diesem Grund
variierten sowohl der Geschmack und die Zusammensetzung des Fleisches als auch der Preis bedeutend. In den spä-
ten Achtzigern schwankte der Preis für einen Döner zwischen
1,80 DM und 3,50 DM. Heute kostet ein Döner in Berlin zwischen 2 und 5 Euro. Um auf dem hart umkämpften Markt zu
bestehen, fügte man den Spießen mehr und mehr Hackfleisch
sowie auch andere bindende Mittel hinzu. Diesem Preiskampf
wollten einige Unternehmer im Dönerhandel ein Ende setzen
und forderten eine offizielle Regelung.

Die daraufhin beschlossene „Berliner Verkehrsauffassung für
das Fleischerzeugnis Döner" setzte fest, dass ein Spieß höchs-
tens 60 Prozent Hackfleisch und keinerlei Bindemittel enthal-
ten durfte. Die Regelung wurde 1991 deutschlandweit übernom-
men. Sie war damit auch ein Zeichen der offiziellen Anerkennung

Döner Kebab im Hauptbahnhof Hamburg.

des Döner Kebab auf dem deutschen Markt. Nach der Regelung standardisierte sich die Produktion des Döners und verlagerte sich immer mehr auf größere Unternehmen, in denen die Spieße maschinell angefertigt und an die Imbisse verkauft wurden.

Die sogenannte Dönerindustrie etablierte sich. Allein in der Bundesrepublik gab es im Jahr 2000 mehr als 100 Betriebe, die die Fleischspieße produzierten, wie die Historikerin Maren Möhring in ihrem Buch zur Geschichte der ausländischen Gastronomie beschreibt. Das Unternehmen von Remzi Kaplan zum Beispiel wurde 1991 gegründet. Der steigende Absatzmarkt im Osten Berlins und darüber hinaus verhalf ihm zum Durchbruch. So avancierte Kaplan 2007 mit 140 Angestellten, zwei Döner-Fabriken in Berlin und einem weiteren Produktionsbetrieb in Hamburg und den Niederlanden zum größten Dönerproduzenten Europas.

Zudem entstand eine regelrechte Zulieferindustrie für entsprechendes Zubehör, wie Bräter, elektrische Messer und

imago 0112629087 / Manfred Segerer

Dönerverpackung, 2021.

bedruckte Papiertüten. Mit der Standardisierung differenzierte sich gleichzeitig die Produktpalette aus, denn die Imbisse suchten neue Wege, sich von der Konkurrenz abzusetzen. So gab es fortan zum Beispiel auch einen „100-prozentigen Kalbfleischdöner" auf dem Markt. Mit der BSE-Krise kam der „Chicken-Döner" dazu. Außerdem nahmen die Dönerimbisse im Verlauf der Neunzigerjahre auch vegetarische Alternativen in ihr Angebot auf, allen voran die Falafel, die zu dem Zeitpunkt ebenfalls unter anderem industriell gefertigt wurde.

Mit dem steigenden wirtschaftlichen Erfolg änderten die Dönerimbisse auch Anfang der Neunzigerjahre ihre Präsentationsstrategien. Die folkloristischen Dekorationen gingen zurück, dafür wurden moderne Stilformen aufgegriffen. Das spiegelten schon die veränderten Namensschilder, die fortan über den Imbissen prangten: „Mc Döner", „Mc Kebap", „Mister Kebap", „Mac's Döner". Es wurden neue Produktbezeichnungen wie „Mini Döner" oder „Big Döner" eingeführt und die

Kasse einer Berliner McDonalds-Filiale, 2004.

Verkäufer trugen nun häufig eine einheitliche Bekleidung, auf die der Name des Imbisses oder ein grafisch entworfenes Logo gedruckt war. Schließlich setzten die Dönerimbisse vermehrt auf moderne standardisierte Leuchtreklametafeln mit Fotografien von Fleischspießen und gefüllten Sandwiches.

Die neuen Dönerimbisse ahmten hier offensichtlich die amerikanische Fast-Food-Kette McDonald's nach. Das war aber nicht nur reiner Vermarktungszweck. Denn als reine Marketingstrategie machte dies in einer Zeit, in der der Dönerabsatz (noch) stieg, wenig Sinn. Für die Dönerimbissbesitzer war diese Hinwendung zu McDonald's weit mehr: Es war der Versuch, aus einer folkloristischen Ecke, in die sie sich gedrängt sahen, herauszukommen und als Geschäftsleute ernst genommen zu werden.

Um die Motive hinter der Implementierung des McDonald's-Stils besser zu verstehen, muss man das bis dahin verbreitete Image und die symbolische Aufladung des Döners genauer betrachten. Denn bis dato wurde der Döner als das Symbol für türkische Migration in Deutschland verwendet und musste häufig auch für Debatten über multikulturelle Politik und Integration herhalten. Dies galt auf allen Ebenen der Gesellschaft. Ihre Assoziierung mit dem Döner geschah zum Unmut vieler türkischer Migrantinnen und Migranten, die sich auf folkloristische, traditionalistische und einfache Stereotype reduziert sahen. Ein erschreckendes Beispiel gibt es hierfür auch noch wesentlich später. Die mittlerweile zum Unwort deklarierten „Döner-Morde" dienten 2000 bis 2006 in deutschen Massenmedien als Etikett für die Verbrechen der rechtsextremistischen NSU an neun migrantischen Kleinunternehmern. Dieser Begriff diffamierte die Opfer nicht nur, sondern ergab sich aus falschen Ermittlungen, in denen rechtsextreme Tatmotive von vornherein ausgeschlossen wurden und eher mafiöse Strukturen innerhalb einer Migrantencommunity vermutet wurden, was sich im Nachhinein als falsch herausstellte. Erst im Herbst 2011 kamen die Ermittler den organisierten rechtsextremistischen Verbrechen des NSU auf die Spur.

Mit der McDonaldisierung versuchten sich die Dönerimbissbetreiber folglich schon Anfang der Neunzigerjahre an einer Umdeutung des Türkischen in Deutschland: Einer der Dönerimbissbesitzer, den die Anthropologin Ayşe Çağlar (1995, 222f.) in den Neunzigerjahren interviewt hatte, erklärte seine Neugestaltung wie folgt: „Aber ich dachte, mitten im Europa, auf dem Ku'damm, da wollte ich etwas realisieren, was nah an McDonalds herankommt. Ich wollte zeigen, dass Türken auch dazu fähig sind, ein gutes Business zu eröffnen und zu führen. Die Herausforderung war es, die Atmosphäre etwas zu ändern, eine türkische Spezialität anzubieten ohne unsere Atmosphäre, es auf moderne Art zu präsentieren. Ich wollte, dass der Döner sich weiterentwickelt." (Übersetzt aus dem Englischen)

McDonald's stand für ihn wie andere Imbissbetreiber für moderne Technologien und Fortschritt – und für ein Unternehmen, das effizient und kommerziell äußerst erfolgreich

war. Den Imbissbesitzern sollte diese Umgestaltung die Anerkennung bringen, die ihnen trotz des immensen ökonomi-
schen Erfolgs aufgrund der fortwährenden Kulturalisierung
verwehrt blieb.

imago 0052619756 / Schöning

Namli-Grill in der Turmstraße in Berlin-Moabit, 2008.

Der „feine Unterschied" zwischen Falafel und Döner

Mit ihrem Imagewechsel schienen die Dönerimbisse aber nur bedingt erfolgreich gewesen zu sein, ging der Dönerkonsum in Deutschland doch langsam zurück, während sich der europäische Markt zunächst weiter vergrößerte. 1995 war in Ostdeutschland von einem Umsatzeinbruch um zehn Prozent die Rede, auf dem Berliner Markt sogar von 20 Prozent. In West-Berlin hatten Dönerimbisse schon seit Ende der Achtzigerjahre kontinuierlich Marktanteile verloren, wie Eberhard Seidel-Pielen in seinem 1996 erschienenen Buch „Wie der Döner über die Deutschen kam" beschrieb: „Just die bunt-alternative Szene, die dem Döner in den innerstädtischen Bezirken in den frühen Achtzigern zum Durchbruch verhalf, ist umgestiegen." Seidel-Pielen hatte dabei mit der Falafel ein neues kulinarisches Gut entdeckt, das den Döner seiner Meinung nach langsam ersetzte: „Angesagt sind heute die rund zwei Dutzend Falafel-Läden der Stadt." Und weiter beschrieb er: „Der Mensch lebt nicht nur von Brot und Fleisch allein. [...] Eine Musikauswahl, die nicht nur die Hörgewohnheiten und Vorlieben des Kebapci befriedigt, verkürzt das Warten und entspannt gestresste Großstadtnerven: klassische Musik aus dem Iran, Lautenspieler aus dem Irak oder Popmusik aus Algerien. Sensationell: Die eine Mark mehr, die hier in der Regel verlangt wird, wandert selbst in Kreuzberg, dem Stadtteil des Geizes und der Pfennigfuchser, ohne Murren über den Tresen" (ebd.). Auch Barbara Lang erwähnte 1998 in ihrer Studie „Mythos Kreuzberg" diese neu aufgetauchten „distinguierten Imbißlokale", wo „zu den Klängen mal orientalischer, mal klassischer Musik in hellen, großzügig gehaltenen Räumlichkeiten Falafel und

Hummusteller frisch zubereitet" werden und wo sich die Kundschaft „bewusst (...) vom Konsumenten der 08/15 Currywurst oder des inzwischen fast ordinär gewordenen Döner" absetze.

Nun ist es zunächst nicht unüblich, dass kulinarische Kulturgüter wie andere Konsumgüter auch bestimmten Lebenszyklen unterliegen. Der anfängliche Trend des neu auf dem städtischen Markt aufgetauchten und zunächst von einer kleinen Gruppe konsumierten Guts wird mit der zunehmenden Ausbreitung zur gesellschaftlichen Routine und oft von einem neuen Trend abgelöst. Dies mag insbesondere für ethnisches Essen gelten, wie sich ja auch an dem Wandel von chinesischen über thailändische hin zu vietnamesischen Lokalen ablesen lässt. Jedoch beschreibt der Wandel von Döner zur Falafel noch etwas anderes. Die Dönerimbisse verloren just dann an Popularität, als sie auf Modernisierung setzten. Oder um es etwas differenziert auszudrücken: Sie verloren vor allem an Popularität bei einem jungen akademischen Milieu in Berlin und anderswo, das den Döner zunächst zu seinem Erfolg verholfen hatte. Hier lohnt sich noch einmal ein differenzierter Blick, denn am Beispiel Falafel versus Döner lassen sich einige Beobachtungen tätigen, die etwas genauer hinter die „kulturelle" Brille blicken.

Falafelimbisse sind etwas später als der Döner in den Achtzigerjahren auf dem Berliner Markt erschienen und haben neben der Falafel, den frittierten Kichererbsen im Brot, die arabische Dönerversion, das Schawarma verkauft. Betrieben wurden diese Imbisse zumeist von den in den Siebziger- und Achtzigerjahren nach Berlin zugewanderten Personen, die entweder auf der Flucht vor dem Saddam-Regime im Irak nach Berlin kamen oder aufgrund des zwischen 1975-1995 währenden libanesischen Bürgerkrieges, der viele Bevölkerungsgruppen, darunter auch viele bis dato dort lebende Palästinenser*innen in die Flucht schlug.

Aufgrund der Nähe der beiden kulinarischen Kulturen mag es verwundern, dass zwischen beiden so scharfe Grenzen gezogen werden. So sind Falafelimbisse auf den ersten Blick in ihrem Angebot, in der Präsentation und in ihrer

Imago 0093837269 / F. Anthea Schaap

Orientalisches Restaurant in Berlin, 2018.

Funktionsweise mit Dönerimbissen fast identisch. Denn in beiden gibt es Sandwiches, die mit bestimmten fleischhaltigen oder vegetarischen Gerichten gefüllt und mit Salaten und Soßen garniert werden. In beiden Lokalen drehen sich kegelförmige Fleischspieße, wenn auch mit leicht veränderten Gewürzen (einmal der „Döner" und einmal das „Schawarma") um die eigene Achse. Dönerimbisse haben mittlerweile Falafel als vegetarische Alternative in ihr Angebot aufgenommen.

Jedoch setzten die Falafelimbissbetreiber auf eine andere Inszenierung ihrer Imbisse. Zunächst betonten sie ihr vegetarisches oder sogar veganes Angebot, ein Begriff, der gerade in den frühen Neunziger- und Zweitausenderjahren noch ungewohnt war. Sie vermarkteten ihre Fleischspieße als hausgemacht. Der Ausschlag für den Erfolg war aber sicherlich, dass die Betreiber – wie oben schon durchgeklungen – auf eine orientalische Inszenierung setzten, in denen sie bunte Wandfarben, zerschlissene Wandstrukturen, handgeschriebene Tafeln

Traditionelles nahöstliches Essen.

mit dem Menü sowie dunkle Beleuchtung und alte Fotografien zur Schau stellten. Bei dem jungen akademischen Milieu in Berlin und später auch anderswo trafen sie dabei genau deren Geschmack. Sie wirkten auf Deutsche besonders „authentisch", auch wenn die Inszenierung klar auf ein Berliner Publikum ausgerichtet war. Denn mit diesem Interieur ähnelten sie vielen Bars und anderen Cafés, die in Berlin auf Retro-Stile setzen, und die scheinbar improvisiert alte Möbel, zerschlissene Wände und handgeschriebene Kreidetafeln aufgestellt hatten.

Dabei war dieser Geschmack alles andere als zufällig, denn er traf den Nerv der Zeit, zumindest was große Städte anging: In ihrem Buch „Naked City – The Death and Life of Authentic Places" beschrieb die New Yorker Stadtsoziologin Sharon Zukin (2010), wie konsumtive Stadtlandschaften sich aktuell darin übertreffen, besonders authentisch zu wirken. Authentizität hat dabei weniger mit einer wahrhaftigen Herkunft zu tun, als vielmehr mit inszenierten Stilen und damit, bestimmte

Café in Berlin-Kreuzberg, 2009.

(imaginierte) Herkünfte erfahrbar und konsumierbar zu machen. Vorreiter*innen dieses „authentischen" Geschmacks war dabei eine kulturaffine neue Mittelschicht, die vor allem im Bereich der Medien, Wissenschaft, der neuen Technologien und im Design tätig ist, den so genannten „Kreativen Milieus". Diese Wirtschaftszweige wurden mit dem schon weiter oben beschriebenen Strukturwandel der „Moderne" immer wichtiger, denn Kultur rückte ins Zentrum der Vermarktung.

Ihren sozialen Status reproduzierte diese so bezeichnete „neue" Mittelschicht, die oft auch zunehmende Deutungsmacht in Medien und Blogs hatte, in dem sie ihr „kulturelles Kapital", also ihre Affinität zur Kultur und ihren Bildungshintergrund zur Schau stellte. Das zeigte schon der Soziologe Pierre Bourdieu in seiner bekannten Studie „die feinen Unterschiede" aus dem Jahre 1979 (auf Französisch „La distinction"). Denn laut ihm würden die Unterschiede zwischen sozialen Milieus nicht verschwinden, da die soziale

Position durch Konsumpraktiken reproduziert wird. Er war es, der dabei entdeckte, dass Ungleichheiten in heutigen Gesellschaften nicht nur durch ökonomisches Kapital, sondern auch durch kulturelles Kapital aufrechterhalten würden. Während die Falafelimbissbesitzer durch die orientalische Retro-Inszenierung folglich ab den Neunzigerjahren zunehmend den Geschmack dieser den gesellschaftlichen Trend setzenden Gruppe trafen, wurden die Dönerimbisse mit ihrer modernen an McDonalds angelehnten Präsentation als Orte der unteren Schichten wahrgenommen. Das Beispiel zeigt, dass internationale oder ethnische Gastronomien oft auch unterschiedlich sozial positioniert sein können. Festzuhalten bleibt, dass die Modernisierung, die Dönerimbisse vollzogen haben, um aus der folkloristischen Ecke herauszukommen, mit einer Neuorientierung in der deutschen Gesellschaft verbunden war. In den sich oft als tolerant und offen bezeichneten großstädtischen Milieus verlor der Döner an Akzeptanz, denn er passte nicht zum „authentischen Geschmack".

Ullstein 07318895

Imbiss-Stand und Ethno-Küche in der Schweiz, 1994.

Neue Geschmackskulturen

Authentizität bleibt ein Trugschluss, denn das Angebot sowohl in den Dönerimbissen wie auch in den Falafelimbissen und anderen ethnisierten Gastronomien ist klar an lokale Präferenzen angepasst. So wurden in Deutschland zum Beispiel beim Dönerspieß der Lammfleischgehalt im Gegensatz zu Spießen in der Türkei eher gering gehalten. Auch das Pide, in dem der Döner serviert wurde, erfuhr eine Re-kontextualisierung beim Döner. In der Türkei wurde Pide nämlich bis in die Neunzigerjahre hinein hauptsächlich während des Fastenmonats Ramadan als Ramadanbrot vertrieben. Und auch die Soßen sind Ausdruck von lokalen Geschmackspräferenzen und waren nicht Teil der türkischen Küche. So wurde Döner Kebab in der Türkei bis dato

Mediterrane Küche für deutsche Konsumenten, 2021.

allenfalls mit Joghurt versehen. Maren Möhring urteilte hier in ihrer historischen Studie: „Diese Soßenlastigkeit ist als Reaktion auf deutsche Konsumpräferenzen zu verstehen, die auch für die großen Menge an Spaghetti-Soße in italienischen Restaurants der Bundesrepublik ursächlich waren." Bestes Beispiel dafür ist die „scharfe Soße", die zum festen Bestandteil des Dönersandwiches in Deutschland geworden ist. Ihr hybrider Charakter wird dadurch deutlich, dass selbst Personen, die den Döner in Deutschland auf Türkisch bestellen, den Zusatz „mit scharfer Soße" auf Deutsch hinzufügen.

Ähnliche Neu-Kreierungen sind im Übrigen auch bei den arabisch vermarkteten Falafelimbissen zu beobachten. Hier ist neben den reichhaltigen Salatbeilagen, die es so nicht im Nahen Osten gibt, die Mangosoße zu nennen. Neben der Sesam-Joghurtsoße und der scharfen Soße hat sich die Mangosoße in Berlin durchgesetzt. Laut den Imbissbesitzern gibt es diese nicht im Libanon, wo für Falafelsandwiches ausschließlich die Sesamsoße verwendet werde. Dafür wird sie im Irak für die Falafel – anstatt der Sesamsoße – benutzt. In Berlin war es der irakische Besitzer des Baharat, der sie als erster in sein Konzept aufgenommen hat. Dabei verwendete er Amba, bestehend aus konzentriertem sauer eingelegten Mango, Gewürzen und Öl. Dieses Rezept hatten dann andere Imbissbesitzer kopiert, weil zunehmend danach gefragt wurde. So berichtete zum Beispiel der Besitzer des Meyman: „Ich war in Kreuzberg, ich gehe auch gerne essen beim arabischen Laden, da habe ich die Mangosoße ausprobiert. Dann hab ich ihn einfach gefragt, was die Zutaten sein könnten. Er hat mir dann ein oder zwei genannt. Dann hat man am Anfang ausprobiert und so weiter. Dann kam eines Tages halt die jetzige Soße, die auch eine sehr gute Kritik hatte. Ok, dann sagten wir, dabei bleibt es jetzt".

Tatsächlich hat sich die Mangosoße nicht nur in den Falafel-, sondern auch in Dönerimbissen zunehmend verbreitet. Diese ist aber häufig eine völlige Neukreation, denn anstatt eingelegter Amba wird nun angedickter Mangosaft verwendet, weswegen die Soße auch einen Ketchup-ähnlichen süßen Geschmack hat.

Fazit

Die Beispiele zeigen, dass Speisen wie Döner und Falafel immer Mischformen sind, Hybridisierungen, die in enger Wechselwirkung zwischen Globalisierung und lokalen Besonderheiten entstehen. So wurde die „scharfe Soße" zum Beispiel von Deutschland exportiert und wird mittlerweile auch in türkischen Dönerimbissen vertrieben.

Zudem entwickeln sich kulinarische Kreationen auch ständig im Zuge mit sich ändernden Trends weiter. Das zeigte sich im Übrigen auch beim Döner, der nach wie vor bedeutsam auf dem deutschen Markt ist und sich ebenfalls gewandelt hat. So hat sich inzwischen ein „Gemüse-Döner" etabliert, der neben Fleisch gegrilltes Gemüse und Feta enthält und damit auf neue Gesundheitsdiskurse eingeht.

Alamy FB9H88 / imageBroker

Bio-Döner.

Einer der berühmtesten Betreiber ist Mustafa's Gemüse Kebab am Mehringdamm in Berlin, vor dem sich Anfang der 2000er lange Schlangen von Hungrigen bildeten. Zudem gibt es mittlerweile Dönerimbisse, die biologisches oder nachhaltig produziertes Fleisch vermarkten, den so genannten Bio-Döner. Und zuletzt setzen bestimmte Imbisse auch auf den „Vöner," eine auf Seitan basierende vegane Alternative des Döners. Und auch, wenn nun andere kulinarische Snacks den Döner als exotischen und angesagten Snack abgelöst haben, so sind die Dönerimbisse nach wie vor sowohl aus Klein- als auch aus Großstädten nicht wegzudenken. Sie sind fester Bestandteil der hiesigen Esskultur geworden.

Alamy RYC4RB

Literatur

Ayşe Çağlar, McDöner. Döner Kebap and the Social Positioning Struggle of German Turks. In: Janeen Arnold Costa, Gary J. Bamossy (Hrsg.): Marketing in a Multicultural World. Ethnicity, Nationalism and Cultural Identity. Thousands Oaks. S. 209-230, 1995.

Pierre Bourdieu, Die feinen Unterschiede. Kritik der gesellschaftlichen Urteilskraft. Frankfurt am Main, 1987.

Maren Möhring, Fremdes Essen. Die Geschichte der ausländischen Gastronomie in der Bundesrepublik Deutschland, München 2021.

Andreas Reckwitz, Die Gesellschaft der Singularitäten: Zum Strukturwandel der Moderne, Frankfurt am Main 2017.

Eberhard Seidel-Pielen, Wie der Döner über die Deutschen kam, Berlin, 1996.

Miriam Stock, Der Geschmack der Gentrifizierung, Arabische Imbisse in Berlin, Bielefeld 2013.

Manuel Trummer, Pizza, Döner, McKropolis. Entwicklungen, Erscheinungsformen und Wertewandel internationaler Gastronomie (= Regensburger Schriften zur Volkskunde/ Vergleichenden Kulturwissenschaft, Band 19). Münster, 2009.

Christoph Wagner, Fast schon Food. Die Geschichte des schnellen Essens. Frankfurt am Main 1995.

Sharon Zukin, Naked City. The Death and Life of Authentic Urban Places, New York 2010.